立德格言

国子／著

时事出版社

图书在版编目(CIP)数据

立德格言 / 国子著.—北京:时事出版社,2015.1

ISBN 978-7-80232-814-3

Ⅰ.①立… Ⅱ.①国… Ⅲ.①汉语－格言－汇编
Ⅳ.①H136.3

中国版本图书馆 CIP 数据核字(2014)第285633号

出版发行:时事出版社
地　　址:北京市海淀区万寿寺甲 2 号
邮　　编:100081
发行热线:(010)88547590　88547591
读者服务部:(010)88547595
传　　真:(010)88547592
电子邮箱:shishichubanshe@sina.com
网　　址:www.shishishe.com
印　　刷:北京建泰印刷有限公司

开本:880×1230　1/32　印张:5　字数:89 千字
2015 年 1 月第 1 版　2015 年 1 月第 1 次印刷
定价:20.00 元
(如有印装质量问题,请与本社发行部联系调换)

序

立德是个大命题。《左传》云："太上有立德，其次有立功，其次有立言，虽久不废，此之谓不朽。""三立"中，立德体现品质，怎样做人；立功体现价值，怎么做事；立言体现素质，如何作文；立德为本。格言，是文字的精华，是智慧的表现，是思想的结晶，是规范公民行为言简意赅的警句。如此说来，编著《立德格言》，位微言轻，能不能？力不从心，行不行？

摸着石头过河，试试看。

（一）

《立德格言》是在《家政四字歌》、《道德四字歌》中“社会公德篇”和“职业道德篇”的基础上，充实完善、修订出版的。

1995年春，在总结从事两年宣传工作经验的基础上，避虚就实，以谋实绩。几经调研讨论，在全县开展“万家文明奔小康”活动。小康大题目，大题大作；文明两手抓，两手都硬。活动围绕物质文明和精神文明建设，共有五项内容，其中就有“开展一项家政教育”。为了解决教育读本，于是便组织了编写组，紧锣密鼓，展开编创。通俗启蒙读物在农村影响最大的就是《千字文》、《三字经》。三字为经，四言为文，为经为文，缺乏自信。当时还没有家庭美德之说，流行的提法是家庭伦理道德，听起来有些缺乏时代气息。经过推敲论证，书名定为《家政四字歌》。歌者，朗朗上口，人皆能诵。初稿刚脱，省、地认可，且为此专门组织召开了研讨会，作品翻过了吕梁山。

省、地研讨会之后，有关领导建议赴京请教道德伦理学方面的国家级专家，以取得进一步指导。几经周折，找到了时任全国伦理学会会长的中国人民大学罗国杰教授。罗老师看过作品后，予以题词肯定，并建议呈送中宣部。再经周折，作品送给了时任中央宣传部副部长、全国精神文明办公室主任的刘云山同志，时值 1995 年 11 月。刘部长看过作品后，欣然题词首肯："传统美德与时代精神结合——祝贺《家政四字歌》出版。"

得到中央宣传部领导的支持后，《家政四字歌》于 1995 年 12 月在时事出版社出版。1996 年 2 月 1 日，《光明日报》全文转载了《家政四字歌》，并配发了编者按：

"两年前，本报曾全文刊登《新三字经》，今天，我们又向读者推荐《家政四字歌》，目的都是提倡用我国人民喜闻乐见的传统启蒙形式，做社会主义精神文明的新文章。

由郭润宝主编、时事出版社出版的《家政四字歌》，将中华民族的传统美德与新中国时代精神有机结合起来，是'新治家格言'。该书坚持思想性与艺术性相统一，紧紧把握现代、科学、文明这一主题，围绕家庭经济、家庭消费、家庭关系、家庭教育、家庭卫生、家庭伦理等家政理论框架，凝炼了家政学文献资料的内容，全书采用四字一句的形式，精练形象，雅俗共赏，用被称为三晋一绝的剪纸插图，更使全书图文并茂，别具特色。

‘修身齐家治国平天下’，重视家政是中国文化的优良传统。《家政四字歌》作为新的家政教育通俗读物，是加强现代家庭精神文明建设的有益尝试。”

借光明日报的舆论和中央宣传部的政治、社会影响，《家政四字歌》翻过吕梁山，走出娘子关，跻身于全国精神文明教育通俗读物之林，并呈“南三北四”之态势，即南有《新三字经》，北有《家政四字歌》。1996 年 1 月 29 日刘云山同志曾这样评价《家政四字歌》：

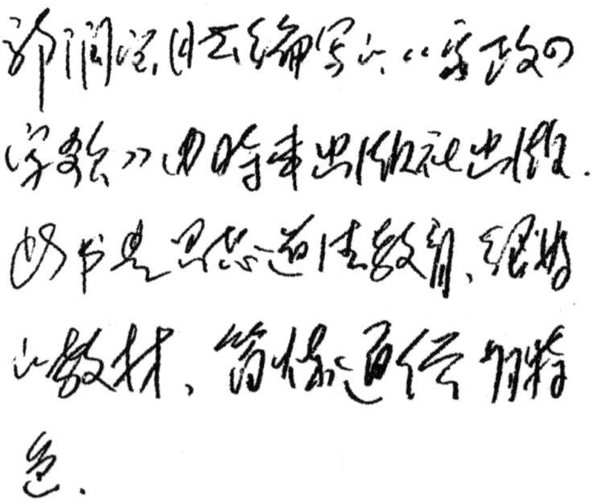

在中央宣传部和省委宣传部有关领导的支持下，1996年春，我们又着手《道德四字歌》编创。旨在赋历史传统以时代特色，融道德要求于日常生活；旨在倡导社会主义道德新观念、新规范、新秩序，规范公民的道德行为和活动；旨在为社会主义道德建设提供一本精神文明教育的综合性通俗读物，营造良好的社会道德氛围。编创工作得到了刘云山部长和罗国杰教授的亲自把关和指导，刘部长题写书名，罗教授作序，《道德四字歌》于1997年12月在学习出版社出版。

（二）

亚当·斯密在《道德情操论》中说："道德是人类社会赖以维系、和谐发展的基础。"当下，多数人感慨，经济发展了，道德建设却很难同步。社会公德的失范，使有五千年文明史的礼仪之邦，蒙上了公众素质低下的阴影。随地吐痰，乱扔垃圾，乘车不排队、不让座等不文明行为司空见惯，同时还随旅游团带到国外，造成不良的国际影响，有损中华民族的形象。职业道德的缺失，使许多损害群众利益的行业潜规则大行其道，人们在奶粉中见识了三聚氰胺，在辣酱里知道了苏丹红，在大米里发现了石蜡。在利益的诱惑下，一些食品企业把持不住，舍义逐利，丧失职业道德底线，严重危害了人民的生命安全。对家庭美德的漠然，一些人无视家庭责任的担当，让子女不幸，使老人伤心，酿成不少家庭悲剧，给社会带来不和谐因素。

位卑未敢忘忧德。在这种情势下，充实完善、修订再版《家政四家歌》、《道德四字歌》，为社会主义精神文明道德建设再尽点绵薄之力，便萦绕于心，付之于行。

《家政四字歌》、《道德四字歌》面世以来，总有人以貌取人、望文生义，以为是诗歌类文学作品，把立德格言当作抒情之作。尤为重要的是，从古至今，国人视“立德、立功、立言”为人生“三不朽”。古为今用，推陈出新，这次再版，就开门见山，把书名定为《立德格言》。

（三）

老话说得好，不以规矩，不成方圆。修订编创必须把握和坚持四条原则或者说是宗旨。

坚持“传统美德与时代精神结合”。这既是刘云山同志当年对《家政四字歌》的首肯，也是今天修订完善本书所遵循的原则。

《立德格言》中既吸收了“仁者爱人”的仁爱观、“见利思义”的义利观、“中和位育”的中和观、“已所不欲，勿施于人”的忠恕之道、“敬信修睦”的伦理要求、“见贤思齐”的修身之道等等传统美德，更体现了“解放思想、实事求是、与时俱进、勇于创新、知难而进、一往无前、艰苦奋斗、务求实效、淡泊名利、无私奉献”的时代精神。

坚持科学理论与道德实践结合。党的十八大报告指出：“倡导富裕、民主、文明、和谐，倡导自由、平等、公正、法治，倡导爱国、敬业、诚信、友善，积极培育和践行社会主义核心价值观。”三个倡导分别从国家、社会、公民三个层面阐述了社会主义核心价值观的内涵。这对于搞好公民道德建设，编创《立德格言》具有十分重要的科学理论指导意义。坚持科学理论指导，“家庭美德篇”既体现以“尊老爱幼、男女平等、夫妻和睦、勤俭持家、邻里团结”为主要内容的家庭美德，也根据家庭美德建设的实践，分设“和睦、安康、富裕、尚俭、婚育、家教、守法”七节，涵盖了家庭美德建设的各个方面。坚持科学理论指导，“社会公德篇”既以“文明礼貌、助人为乐、爱护公物、保护环境、遵纪守法”为主要内容，又根据公民公共生活的基本行为规则，依据人与人、人与社会、人与自然三个层面的关系，分设“立身、处世、接物、待人”四节，涵盖了社会公德建设的基本内容。坚持科学理论指导，“职业道德篇”既以“爱岗敬业、诚实守信、办事公道、服务群众、奉献社会”为主要内容，又根据产业分工、行业行为划分职业类别。划分中既参考了《周礼·考工记》中士、农、工、商的基本分设，又参阅了章太炎《革命之道德》中对社会成员的十六种划分；更借鉴《宣传工作辞典》对社会成员的十五种划分，根据时代特征，分设“施政、执教、从医、为警、务农、务工、经商、执法、文体、服务、科研、新闻传媒”十二节，分别阐述职业道德内容。

坚持政治性与艺术性、思想性与教育性结合。《立德格言》作为教育读物，既不能以纯政治读物形式出现，也不能以纯文学形式出现，必须寓教于乐，找准结合点。在把握作品的政治性、思想性方面，充分体现习近平总书记十八大以来系列重要讲话精神。讲话内容丰富、思想深邃、博大精深，贯穿着信仰追求、历史担当意识、真挚为民情怀、务实思想作风、科学思想方法，闪耀着马克思主义真理的光辉。讲话对加强社会主义思想道德建设，有着十分重要的科学理论指导。在“执教”中充实师德内容，体现了习近平总书记“同北京师范大学师生代表座谈时的讲话”精神。在“施政”中充实政德内容，体现了习近平同志要求领导干部“三严三实”以及1990年3月应福建省领导科学研究会之约所讲的“为官四要”、“青年干部四忌”的思想精髓。在“文体”中大量充实艺德内容，体现了习近平总书记在文艺工作座谈会上的讲话精神。

坚持雅与俗、形式与内容结合。《立德格言》作为教育读物，充分体现公民社会生活、职业行为、家庭生活的特点。坚持形式服务于内容，决不脱离内容去追求形式，最后钻进形式的死胡同，受作茧自缚之苦。在作品的语言运用上，尽量运用大众口语、行业用语、专业术语，宜雅则雅，宜俗则俗，贴近生活，贴近行业，为公众所接受。一旦离开了公众的阅读，作品就失去了价值和意义。正如习近平总书记在文艺座谈会上指出的：“一旦离开人民，文艺就会变成无根的浮萍、无病的呻吟、无魂的躯壳。”

根据上述原则，对原作1316句内容逐字推敲、逐句斟酌、统筹审定，删除240句，修改256句。同时根据时代发展，增加了新闻、网络传媒、体育、农民工、电子商务等内容，增添532句，最终形成1608句，使作品内容更趋严密、丰富。

我曾说出版作品并不都是夺目的事，更多地是把自己的作品奉献出来，接受社会的检验，听凭读者的评判。更何况《立德格言》作为道德教育通俗读物，更需为社会大众所接纳。当年编写《家政四字歌》、《道德四字歌》时，组织了编写组。俗话说，三个臭皮匠，顶个诸葛亮。而且还得到中央、省、地三级宣传部门的大力支持，得到诸多专家、学者的指教，可谓在其位，谋其事，名正言顺。这次修订，虽然自我扬鞭自奋蹄，广泛听取了各方面的意见，广泛阅览了有关书籍、资料。但是，受一己之力的局限，受本人知识、能力、水平、视野的种种局限，作品不尽己意、不如人意的地方肯定仍有不少。所以，希望得到有关专家、学者和广大读者的指教。这不单是态度谦虚，而是能力所需，更是道德建设所需。

是为序。

自序。

2014 年 10 月

目录

职业道德

引言

立德格言

融汇古今

言以载道

文以化人

为之常至

行者有成

止于至善

明德亲民[①]

①【明德亲民 止于至善】出自《礼记·大学》，明德、亲民、止于至善是中国古代教育的三大目标。其要求人们首先要加强个

人的道德修养，使自己始终保持向善之心；其次要将这种向善之心推广开来，去关爱广大的民众；最终要达到道德修养的最高境界。

家庭美德

人类社会

基于家庭

耕读传家

兴邦固本

修齐治平

立德永恒

安居乐业

家和国兴

和睦

夫妻二人

家庭核心

情深意笃

互爱互敬

男不尊大

女不卑从

主动调适

情感交融

穷莫易节

富不变心

相濡以沫

风雨同行

双独家庭[1]

赡养任重

双方父母

共同侍奉

善其衣食

便其住行

知冷知热

体贴孝顺

老人鳏寡

倍加关心

桑榆逢春

夕阳更红

婆媳翁婿

理解尊重

虽非骨肉

休戚关情

婆对儿媳

视若亲生

看顾爱惜

掏尽真情

偶有不贤

谅解宽容

怀揣三年

铁石生温

儿媳待婆

应如娘亲

知疼知爱

敬重关心

婆媳难处

儿当居中

巧施斡旋

妙语开心

兄弟姐妹

手足情深

心相默契

行相照应

供养老人

协力同心

遗产继承

以法为凭

煮豆燃萁[2]

贻害弥深

亲密无间

黄土成金

妯娌融洽

家门有幸

若有摩擦

兄弟秉正

不可偏信

切勿怂恿

温言明理

春阳消冰

邻里相处

以和为重

与人为善

坦荡真诚

严于律己

宽厚待人

扶危救急

排难解困

倘生纷争

主动调停

谁是谁非

道理讲清

握手言和

高下莫争

前嫌不计

大度能容

①【双独家庭】指夫妻双方结婚前均为各自家庭中独生子女的情况，也就是由独生子女所组建的新的家庭。

②【煮豆燃萁】魏文帝曹丕因嫉妒弟弟曹植之才学，蓄意谋害于植，便限植在七步之内作诗一首，否则就要杀植。曹植立刻吟道："煮豆持作羹，漉菽以为汁。萁在釜下燃，豆在釜中泣。本是同根生，相煎何太急？"比喻兄弟间自相残害。

安康

社会发展

家业兴旺

居安思危

防患经常

易燃易爆

安全运放

农药剧毒

严密收藏

防火防盗

自救联防

防水防震

戒备勿忘

家用电器
操作得当
生产交通
严守规章
修房缮舍
科学规划
占用宅地
手续合法
坐落向阳
出路通达
水电齐备
式样典雅
厅厨房室
舒适居家
圃圈库厕
布设有法

黎明洒扫

里外清爽

洗漱沐浴

身轻气畅

物俱整洁

有序摆放

环境优美

悦目馨香

劳逸结合

起居有常

饮食得当

注意营养

病从口入

时刻预防

勤观天候

增减衣裳

坚持锻炼

有益健康

文化娱乐

心情舒畅

伤病早医

不要逞强

引发顽疾

后果不良

神巫骗术

游医邪方

轻信上当

雪上加霜

相信科学

保健经常

人有健康

家有小康

富裕

辛勤劳动

致富光荣

封闭保守

欲富不能

思想解放

开窍心明

海阔鱼跃

各展其能

政策扶持

科技推动

兴家创业

虎翼生风

职工敬业

干部勤政

共同富裕

视为己任

富无常业

各有殊径

找准门路

精心专攻

粮油棉菜

国民宝物

科学种植

富裕通途

科学致富

发展林牧

宜林则林

宜牧则牧

稳定致富

经商兴工

宜商则商

宜工则工

有林则绿

有农则稳

有商则活

有工则兴

学有所教

住有所居

老有所养

病有所医

油盐酱醋

柴米烟茶

歌舞影视

琴棋书画

物质丰盈

精神高雅

富裕文明

举家康乐

尚俭

财源广进

俭朴节用

俭以养廉

朴以修身

勤俭传家

谨记厉行

用而不奢

俭而不吝

衣不厌旧

食不贪丰

丝缕不易

颗粒艰辛

煤水气电

生活日用

浪费可惜

节俭为荣

物力维艰

巧施妙用

变废为宝

整旧如新

有当思无

富当虑贫

细水长流

筹划精心

踊跃储蓄

存零取整

聚沙成塔

举业有成

红白庆典

礼尚往来

民风当淳

陋习须改

盛情简酌

答谢内外

电函致意

鲜花表怀

阔者抛金

滥立异规

平民挣命

攀比追随

尽倾积蓄

高筑债台

因乐招忧

苦果自摘

良风辅政

陋习伤民

移风易俗

开创新风

婚育

男女相爱

本属自然

择妻选婿

重在情缘

有缘相聚

有情相恋

薄情寡义

岂能长远

贪欢求艳

露水姻缘

攀高结贵

高处更寒

图钱择偶

昧心求欢

黄金有价

青春无返

情投意合

志正行端

两情相悦

可成亲眷

依法登记

喜结良缘

自主婚姻

幸福美满

国有法律

民开新风

男到女家

同样光荣

计划生育

晚育少生

优生优育

民族昌盛

盲目生育

儿女成群

生活拮据

如牛负重

地球虽大

资源有尽

人口超载

濒临绝境

十月怀胎

母子连心

按时检查

察看胎情

古有胎教

三月而行

孕妇康乐

事关优生

调和情致

品乐赏景

劳逸适度

勤动慢行

一朝分娩

母乳喂婴[1]

营养方便

益智健身

产妇饮食

禁忌生冷

一日多餐

干稀素荤

婴幼体弱

抚育细心

母子康泰

欢乐满门

①【母乳喂婴】母乳是婴儿的生命之泉。母乳适合婴儿的消化能力和身体需要；母乳可以增加婴儿对疾病的免疫力和抵抗某些感染；母乳喂养的婴儿少患营养紊乱病；母乳有抗过敏的作用；母乳汁鲜、干净、温暖、温度适宜，哺喂方便。

家教

琢玉成器

教子成人

天下父母

皆同此心

家庭教育

人生启蒙

融于生活

影响终身

身教垂范

言传精心

因材施教

百年树人

溺爱不教

骄娇恣行

严而无度

反生怨恨

爱而不宠

严格示训

严而不苛

理解关心

孟母断杼[1]

喻儿自珍

曾子杀猪[2]

以行取信

岳母刺字[3]

诲儿尽忠

包拯刻碑[4]

警后廉明

泽东[5]家教

慈爱严明

送子援朝

情撼世人

痴心父母

望子成龙

其情可宥

期望过重

重金赂学

责打诫训

拔苗助长

反害儿孙

自古纨绔

骄惯成性

荒于嬉戏

毁于放纵

寒门贵子

并非天生

矢志苦学

磨砺成锋

烟酒有害

恶习伤身

淫秽读物

污染心灵

儿孙年少

自当奋进

增智强体

端正品行

说话礼貌

举止文明

团结友爱

乐于助人

是非明辨

善恶分清

坚持正义

旗帜鲜明

艰苦朴素

诚实勤奋

见义勇为

不怕牺牲

中华我土

人杰地灵

英才辈出

榜样彪炳

人民总理

恩来周公[⑥]

鞠躬尽瘁

为国为民

英雄胡兰[7]

献身革命

生的伟大

死的光荣

战士雷锋[8]

爱憎分明

无私奉献

忠于人民

民族脊梁

鲁迅[9]先生

椽笔千钧

文坛驰骋

钱老学森[10]

饱学归根

科学巨擘

尖端问鼎

立志成才

发奋图强

好好学习

天天向上

①【孟母断杼】孟，孟子（公元前372—前289年），名轲。孟子小的时候，有一次逃学回家，他的母亲正在织布，顺手拿起剪刀把织好的一匹布拦腰剪断。孟子非常奇怪，问母亲何故。孟母说："你学习诗文，就像我织布一样。我织布由丝成寸，由寸成尺，日积月累，才成一匹长长的布。你现在只学了一会儿就觉得累，怕麻烦，就像我如今还没有织成一匹布就把它剪断一样，终究也成不了大器。"孟子听后很受震动，从此立志苦学，终于成为战国时期著名的思想家、教育家。

②【曾子杀猪】曾子（公元前505—前435年）的夫人到集市上去，其子哭闹着要跟着她去。这位母亲就对她的孩子说："你回去，等我回来杀猪给你吃。"结果，夫人刚从集市上回来，曾子就马上要去杀猪。夫人忙阻止他："我所说的只不过是哄哄小孩子罢

了，你居然信以为真了。”曾子道：“做家长的要言而有信，如果常拿空话哄孩子，他以后就不会相信我们的话了。”

③【岳母刺字】岳飞（1103—1142年），字鹏举，宋相州汤阴县（今河南汤阴）人，南宋抗金名将。他出身贫寒，没钱上学，全靠母亲教他识字，从小就抱定效国之心。金兵入侵时，他应征入伍。临行前，母亲在他背上刺了“精忠报国”四个字，教导他要为国效忠，誓杀金兵。岳飞牢记母亲教诲，英勇善战，成了战功赫赫的抗金英雄，名扬千古。

④【包拯刻碑】包拯（公元999—1062年）晚年时，在家中刻了一块石碑，上刻：“后世子孙仕宦，有犯脏滥者，不得放归本家，亡殁之后，不得葬于大茔之中，不从吾志，非吾子孙。”旨在教育儿孙后辈要光明磊落、诚实做人、清白为官。他的儿子包绶，遵从父亲的遗志，做了一辈子官，两袖清风，死后只留下几本著作。

⑤【泽东】泽东，即毛泽东（1893—1976年），伟大的马克思主义者，中国共产党、中国各族人民的伟大领袖和导师，中华人民共和国的缔造者。1949年，当选为中华人民共和国主席。1950年10月，中共中央作出抗美援朝，保家卫国的决策，毛主席毅然将最钟爱的长子毛岸英送到朝鲜参战。1950年11月25日，毛岸英血染异域，永远地留在了朝鲜。

⑥【恩来周公】即周恩来（1898—1976年），伟大的马克思主义者，党和国家的卓越领导人，中国人民解放军的缔造者之一。字翔宇，原籍浙江绍兴，生于江苏淮安。在半个多世纪的革命生涯中，他为中国人民的解放与幸福倾注了毕生的精力和心血，深受国内外人民的尊敬和爱戴。

⑦【胡兰】即刘胡兰（1932—1947年），别名富兰，山西省文水县云周西村人，著名的革命先烈。1947年1月12日从容就义，时年15岁。毛泽东主席亲笔为她题词："生的伟大，死的光荣。"

⑧【雷锋】湖南省长沙县人，1940年生，1962年8月15日在执勤中不幸牺牲。雷锋的一生是平凡而伟大的一生。1963年3月5日毛泽东亲笔题词"向雷锋同志学习"。

⑨【鲁迅】鲁迅（1881—1936年），中国伟大的无产阶级文学家、思想家、革命家。原名周树人，字豫才，浙江绍兴人。1918年5月，首次用"鲁迅"作笔名，发表了中国现代文学史上第一篇白话小说《狂人日记》，奠定了新文学运动的基石。他的杂文笔锋犀利，思想深刻，被毛泽东主席称为"匕首、投枪、解剖刀"。鲁迅一生，为中国的文化事业作出了巨大的贡献。

⑩【钱老学森】钱学森（1911—2009年），浙江杭州人，中国著名

工程控制论学者，1935 年赴美留学。1955 年回国后，直接参与并组织和领导了中国的运载火箭、导弹、卫星的研制攻关和试验工作，为发展我国的航天事业作出了卓越贡献。

守法

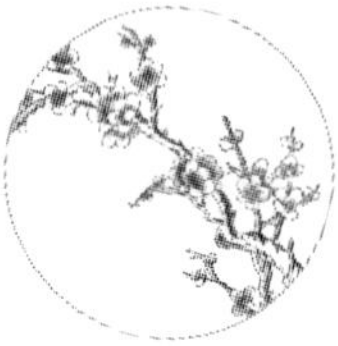

文明家庭

守法为荣

权利义务

自觉履行

义务教育

竭诚育人

义务兵役

应征参军

生态保护

主动践行

自觉纳税

涓滴归公

国有宪法

治国纲领

刑法惩顽

民法理民

婚姻法规

家庭基准

经济诸法

运行准绳

立法必依

建章必循

严守法纪

利己利人

坑蒙拐骗

危害民生

吸毒嫖赌

毁坏家庭

走私贩毒

祸国殃民

贪污腐败

如疮如痈

浪子回头

迷者猛醒

痛改前非

家庭大幸

人人守法

家家康靖

社会安定

国家昌盛

家庭美德

身体力行

尊老爱幼

男女平等

勤俭持家

友善待邻

家庭和谐

万事皆兴

社会公德

中华民族

悠久文明

社会公德

亘古传承

礼义诚信

和谐中庸

行善爱美

追求本真

立身

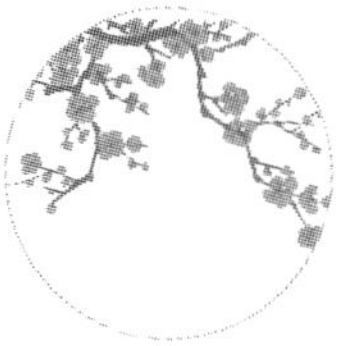

参天之木

必有其根

人生立世

当修其身

若金发砺

若陶在钧①

励志图强

事业日新

穷不失义

达不离经②

适己之性

尽己之能

取法乎上

方得其中

中和位育[③]

超然立身

能取能舍

能退能进

能收能放

能忍能容

平淡于物

平常于心

平等于人

为人所尊

物有其主

人有其用

逆之无益

顺之有成

智者达理

仁者通情

俭以养德

静以修身

天地合德

日月合明

四时有序

顺势而行

廉不言贫

勤不道苦

自强不息

厚德载物

大富则骄

骄则为暴

大贫则忧

忧则行盗

戒骄勿忧

克俭克勤

贫不移志

富不奢淫

敬畏自然

敬畏良心

敬畏法律

行不放纵

言行举止

身端品正

讲究礼貌

处事文明

仪态端庄

衣饰修整

言语得体

行为文明

公共场合

讲究卫生

自觉戒烟

弃物入筒

站坐有相

文静庄重

言不喧哗

行莫扰人

济助老弱

帮扶盲聋

照顾妇幼

优先军人

让座让路

主动热情

陌路相遇

待若亲朋

交际场合

礼待宾朋

周全礼节

注重风情

国格尊严

人格平等

礼待外宾

不卑不矜

民族有别

习俗不同

美人之美

美美与共[4]

功成业就

莫为名负

位高权重

终是“公仆”

富甲一方

身外之物

著作等身

“学海”一粟

堤溃穴蚁

气泄芒针

小节当拘

小事须慎

羔羊跪乳

乌鸦反哺

知恩图报

孝行力主

无愧今朝

使命担当

不负未来

实现梦想

①【若金发砺 若陶在钧】毛泽东年轻时题写的自励警句："若金发砺，若陶在钧；进德修业，光辉日新。"意思是说，要让金子发光就要经受磨砺，要做好陶就要在转轮上多加修造。

②【穷不失义 达不离经】出自《孟子·尽心上》"穷不失义 达不离道"。意思是说人穷的时候不丧失道德的标准，而发达的时候也不可以背弃自己做人的原则。

③【中和位育】出自《中庸》，其开篇说："喜怒哀乐之未发，谓之中；发而皆中节，谓之和。中也者，天下之大本也；和也者，天下之达道也。致中和，天地位焉、万物育焉。"这是儒家的核心口号，是修养功夫之极致。"中和"是目的，不偏不倚，谐调适度；"位育"是手段，各守其分，适应处境。

④【美人之美 美美与共】语出著名社会学家费孝通先生关于处理不同文化关系的十六字箴言"各美其美，美人之美，美美与共，天下大同"。

处世

处世守拙

治事尽心

言寡养气

欲淡养神

水流花谢

暮鼓晨钟

遍阅人世

淡泊本真

志坚能勇

怀宽能容

言不妄出

行不妄动

乐时思忧

贵在自警

顺亦自适

逆亦自静

人无远虑

必有近忧

世事如云

处事淡定

事多无谋

怨多疏人

虚怀若谷

于事有成

人有好恶

事须权衡

取舍自如

进退从容

从恶如崩

从善如登[①]

举要治繁

处事沉稳

文明社会

法纪严明

遵纪律己

守法奉公

公益事业

福系民众

积极参与

各尽所能

养孤助残

扶贫济困

修路植树

造福子孙

资助教育

德昭后人

志愿行动

奉献爱心

拥军优属

军民情深

支援建设

舍己为公

公共秩序

协调众行

有章必遵

有序必循

自觉维护

城市交通

人车分流

绿走红停

热爱自然

优化环境

美化家园

天蓝水清

依法纳税

照章践行

心牵国家

情系人民

尊重妇女

保护儿童

合法权益

不允受侵

①【从恶如崩 从善如登】典出《国语·周语下》。意思是说，顺从良善如登山一样艰难，屈从邪恶如山崩一般迅速。

接物

云水之念

湖海之襟

恕以接物

容纳万境

良田万顷

日食三升

广厦千间

夜宿四平[①]

苗从土发

枝由树分

地低为海

顺势所成

天下万物

皆随缘份

不以得喜

莫为失痛

天下攘攘

莫重利往

海纳百川

无欲则刚

传统美德

时代精神

善小而为

承继践行

爱护公物

公民责任

绿色环保

利于生存

公益设施

服务公众

自觉维护

不毁不侵

公园花木

悦目赏心

游览观看

不折不躏

珍奇动物

稀有物种

备加爱护

不伤不擒

名胜古迹

自然风景

保其完美

不污不损

公有财物
维护唯谨
破坏公物
违法必惩
人与环境
息息相关
珍惜天物
利泽久远
资源有限
再生维艰
节用天物
俭朴为范
村庄院落
厂矿机关
美化环境
减少污染

保护森林

珍爱草原

采伐牧养

顾及长远

爱护鸟兽

维持食链[2]

生态平衡

良性循环

节能降耗

用水节俭

巧治“三废”[3]

再生资源

靠水养水

依山护山

合理开发

持续发展

金山银山

绿水青山

统筹协调

科学发展

创优环境

尊重自然

生态文明

乐极人寰

①【四平】即四平方米。

②【食链】指食物链。

③【三废】指工业生产所排放的废气、废水、固体废弃物。

待人

道之以德

择善而从

悦纳自己

善待他人

人不求全

文莫求同

与人宽让

待人谨敬

水清无鱼

疑多无信

有容乃大

以信服众

交友敦品

高低莫争

和悦近邻

以理服人

休恃己长

言谨行慎

莫论人短

待之以诚

与人相交

和气谦逊

有情有信

尊人自尊

与人共事

谦让诚信

困难留己

方便让人

受托必果

有诺务行

应约赴会

守时务准

若有争议

及时沟通

相互谅解

存异求同

人有不当

当容则容

己若有过

认错赔情

己所不欲

勿施于人

予人玫瑰

手留余馨

助人为乐
及时雨润
忧人所忧
不论疏亲
急人所急
热忱助人
给人所需
送炭雪中
光辉榜样
学白求恩①
毫不利已
专门利人

①【白求恩】即诺尔曼·白求恩（1890—1939 年），加拿大共产党员，国际主义战士，著名胸外科医师，加拿大安大略省格雷文赫斯特镇人。1938 年 3 月，他受加拿大共产党和美国共产党派遣，不

远万里来到中国，在硝烟炮火中忘我地救治八路军伤员，曾创造69小时连续做115例手术的记录。1939年10月下旬，他在涞源县摩天岭战斗中抢救伤员时左手中指被手术刀割破，后给一个外科传染病伤员做手术时不幸感染破伤风，但仍不顾伤痛，坚决要求去战地救护。他说，“你们不要拿我当古董，要拿我当一挺机关枪使用”，随即跟医疗队到了前线，后因伤势恶化，转为败血症，最终医治无效，于11月12日凌晨在河北省唐县黄石口村逝世，享年49岁。11月17日，晋察冀边区党、政、军领导机关和驻地群众为他举行了隆重的葬礼。12月1日，延安各界举行追悼大会，毛泽东亲题挽词，并于12月21日写了《纪念白求恩》一文，号召中国共产党员学习他的国际主义精神和共产主义精神。1940年4月，在河北省唐县军城南关建立了白求恩墓。晋察冀军区决定将军区卫生学校和模范医院分别命名为白求恩卫生学校和白求恩国际和平医院。1952年，白求恩的灵柩迁入石家庄烈士陵园。

社会公德

贵在践行

崇德向善

明德惟馨

爱护公物

保护环境

遵纪守法

礼貌文明

职业道德

社会发展

百业俱兴

职无高低

业有分工

职责有道

德为业本

功崇励志

业广惟勤

施政

为国施政

千条纲纪

服务民众

宗旨第一

与民兴利

为民除弊

古今人杰

毕生所举

大禹治水[①]

舍身忘家

范公仲淹[②]

忧乐天下

榜样裕禄[3]

全心为民

公仆善洲[4]

利归百姓

人民重托

委我以任

不负众望

甘于献身

制定策略

筹远谋近

一举一措

先想百姓

开拓进取

改革创新

艰苦奋斗

务实求真

调查研究

体察实情

科学决策

论证充分

广开言路

百川有容

力戒专断

民主集中

广识才俊

选贤任能

德才兼备

群众公认

马跑千里

不宜田犁

舟可渡河

陆地难移

避短用长

人事两利

量才授用

适得其宜

坚持真理

敢担责任

仗义执言

宠辱不惊

寸心不昧

万法皆明

依法依纪

公正透明

闻过则喜

诤言常听

知错即改

心端步正

过不巧饰
功不自命
众口皆碑
民心是秤
权力在手
公道正派
公则生明
廉则生威
人民是水
政权是舟
载覆之理[5]
常铭座右
以权谋私
招致腐败
民必生怨
政必生危

为谁做官

怎样用权

日作三省

自警自勉

理政要令

正直公平

科学民主

依法行政

严以律己

严以修身

严以用权

端正作风

谋事创业

踏石留印

坦坦荡荡

诚实做人[6]

为政一忌

急于求成

为政二忌

自以为是

为政三忌

夕改朝令

为政四忌

眼高手低

为官之本

执政为民

为官之理

立党为公

为官之德

清正廉明

为官之义

维护公正⑦

科学理论

资政经典

认真研读

指导实践

牢记目标

坚定信念

胸怀天下

居高瞩远

①【大禹治水】大禹，即禹，中国历史传说中黄河流域的著名部落首领，夏代第一代国王启的父亲，姒姓。他接受其父鲧的治水经验和教训，采用疏导办法，凿山开河，为治理洪水献出了全部心血和精力。《史记》中载他“劳身焦思，居外十三年，过家门而不敢入”。

②【仲淹】即范仲淹（公元 989—1052 年），字希文，苏州吴县（今属江苏）人，北宋著名的思想家、政治家、文学家。少时发愤

读书，常“以天下为已任”，宋真宗大中祥符八年中进士。主张建立严密的仕官制度，注重农桑，整顿武备，推行法制，减轻徭役。他在《岳阳楼记》中写下的“先天下之忧而忧，后天下之乐而乐”名句，成为历代忧国忧民之士的座右铭。

③【裕禄】即焦裕禄（1922—1964年），山东淄博人,1946年加入中国共产党，1962年被调到河南省兰考县担任县委书记。当时他已身患肝癌，却置生死于度外，依旧忍着剧痛坚持工作。他带领全县干部和群众一起，与严重的自然灾害进行顽强斗争，努力改变兰考面貌。1964年5月14日，焦裕禄在郑州病逝。1966年2月7日，《人民日报》发表了《县委书记的榜样——焦裕禄》的长篇通讯，同时发表了《向毛泽东同志的好学生——焦裕禄同志学习》的社论。

④【善洲】即杨善洲（1927—2010年），云南省保山市施甸县人。担任保山地委书记近20年，从政35年始终保持艰苦朴素的本色，廉洁奉公、勤政为民，为保山经济社会发展作出了突出贡献。1986年6月退休后，扎根施甸县大亮山兴办林场20个春秋，植树造林7万多亩，把昔日的荒山秃岭变成生机勃勃的绿色天地，使当地恶劣的自然环境得到明显改善；修建18公里的林区公路，架设4公里多的输电线路，使深居大亮山附近的村寨农户通电通路。2009

年，杨善洲把自己用20年时间辛苦创办、价值超过3亿元的大亮山林场经营管理权正式无偿移交给施甸县林业局，兑现了“帮家乡办点实事”的承诺。

⑤【载覆之理】唐谏议大夫魏徵劝唐太宗李世民以隋亡为鉴，认为君好比舟，民好比水，“水能载舟，亦能覆舟”。

⑥以上八句是根据习近平总书记2014年3月9日参加十二届全国人大二次会议安徽代表团审议时，提出的“既严以修身、严以用权、严以律己，又谋事要实、创业要实、做人要实”的“三严三实”重要论述精神而编创。

⑦【为政四忌 为官四要】出自习近平同志所著《摆脱贫困》之“从政杂谈”：“一忌急于求成”，“二忌自以为是”，“三忌朝令夕改”，“四忌眼高手低”。为官四要：“为管之本在于为官一场，造福一方”，“为官之理在于讲奉献”，“为官之德在于清廉”，“为官之义在于明法。这里讲的义，不是指江湖义气，而是指维护公正，伸张道义”。

执教

百年大计

教育为本

教育之计

教师为本

人民教师

职业光荣

传道授业

塑造灵魂

甘当蜡炬

奉献光明

培育桃李

温暖三春

三尺讲台

一颗丹心

台系未来

心在国运

献身教育

倾心育人

晓之以理

动之以情

师如父母

真情爱生

视若掌指

一视同仁

智有强弱

悟有迟敏

谆谆教导

孜孜诲人

授业解惑

学须精深

给人以勺

备之以泓

学而不厌

进取有恒

源头汲水

常取常新

为人师表

自重德行

言传身教

以德树人

名不移志

利不动心

志存高远

乐教安贫

以德施教

润物无声

千教万教

教人求真[1]

刻苦钻研

严谨笃学

提高充实

拓展视野

教无定法

育有良方

不断求索

勇于首创

师道相尊

教学相长

面向未来

桃李芳香

①【千教万教 教人求真】出自陶行知“千教万教教人求真，千学万学学做真人”的教育名言。他希望自己的学生除了在学业上不断进步外，还要多学本领，追求真理，成为国家需要的人才。

从医

白衣天使

救死扶伤

恭行人道

医德高尚

人食五谷

孰能无病

病则求医

如求救星

今我为医

治病救人

接待患者

至爱至诚

如我父母

似我弟兄

尽献医术

十分热情

临床诊治

悉心凝神

抢救危急

分秒必争

患者第一

人命至重

一心赴救

不辞苦辛

为患保密

守口如瓶

不论贵贱

莫分疏亲

对待病人

极端热忱

对待技术

精益求精

七分护理

三分治病

医护到家

患者大幸

庸医误人

无异害命

索取红包

有同剪径

假医假药

危害生灵

于德有损

于法难容

古医仁德

义治苍生

橘井杏林[①]

扬其美名

传承美德

端正医风

祛邪扶正

倾心为民

①【橘井杏林】橘井，相传古代有个叫苏仙公的名医，修仙得道。仙去前，他对母亲说：明年若发生疫疾，取庭中井水一升，檐边橘叶一枚，可救治一人。来年，果然发生疫病，他母亲依言而行，医治病人，果然都治愈了。杏林，相传三国时吴国董奉为人治病不受报酬，对于治愈的病人，只求为其种几株杏树。几年以后，蔚然成林。两个典故皆喻医德高尚。

为警

人民警察

保卫人民

忠于职守

服从命令

除暴安良

爱憎分明

闻警即起

遇险前行

捉贼擒盗

反恐维稳

查赌缉毒

扫黄禁淫

缴赃缉私

查逃捕凶

制止斗殴

调解纠纷

治安查巡

风雨值勤

辛苦一人

安泰万民

刑事侦察

技强业精

克敌制胜

速破速擒

立案预审

推断严谨

神思如剑

言辞如钉

外事执勤

威严机警

保守机密

纪律严明

消防救灾

闻讯而动

莫怕苦累

不畏牺牲

户籍管理

严谨认真

民如父母

我献爱心

维护交通

文明执勤

指挥准确

事故常警

整肃警容

为警文明

外树形象

内铸警魂

务农

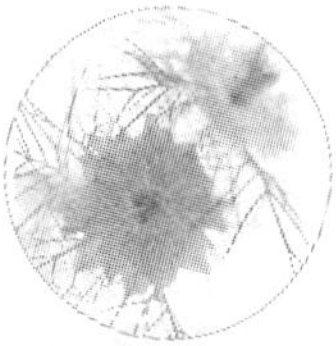

民族振兴
“三农”为上
实现小康
先看老乡
国家富裕
农民先富
农村繁荣
农业稳固
洪范八政
农为基础
多产粮棉
肥田沃土

坡修梯田

川治滩涂

治理“四荒”

加大投入

科学施肥

精心选种

合理密植

细作精耕

区域种植

防治病虫

地膜覆盖

轮作套种

节水灌溉

增产节能

科学种田

规模经营

林牧副渔

种养加工

面向市场

多出商品

近期致富

养殖起步

因地制宜

水产畜牧

稳步致富

造林植树

果木茶桑

绿色宝库

长远致富

观念更新

联营工商

搞活流通

无农不稳

无工不兴

创办企业

尽显其能

家庭经营

形式多种

股份合作

个体私营

选定项目

考察审慎

预测供求

谨忌盲行

勤劳致富

食足衣丰

六畜兴旺

五谷丰登

珍惜资源

合理利用

不滥采掘

莫乱开垦

不修寺庙

莫信鬼神

崇尚科学

科技兴农

率先富裕

富莫忘本

携手乡邻

致富脱贫

富而思源

富而思进

同步小康

前程似锦

务工

企业职工
当好主人
参与管理
共主浮沉
善提建议
敢于批评
民主监督
出于公心
坚守岗位
严遵规程
精心操作
不苟毫分

勤于学习

苦练技能

不出废次

多出优品

爱厂如家

视物皆珍

减少耗损

增效降本

吃苦耐劳

后己先公

排除事故

不畏险情

奋发图强

学习“铁人”①

勤俭创业

双良②精神

团结一致

与厂同心

厂衰我耻

厂兴我荣

厂长经理

依靠职工

民主治企

科学经营

制度健全

奖惩严明

尊重人才

聘用贤能

革新技术

公平竞争

力创名牌

优质取胜

职工甘苦

常系心中

劳保福利

从优实行

职工权益

维护尊重

劳动法规

严格执行

厂建一流

人树新风

科学管理

企业文明

农民务工

离乡进城

劳务输出

各显神通

入城随习

适应环境

技精善业

怀德自重

①【铁人】即王进喜（1923—1970年），甘肃玉门人，生前是大庆油田1205钻井队队长。他以“宁可少活20年，拼命也要拿下大油田”的革命英雄主义精神，为大庆油田的创业立下了卓越功勋，树立了中国工人阶级的光辉形象，被誉为“铁人”。

②【双良】即李双良，全国劳动模范，太原钢铁公司工人。1983年以来，他带领工人起早贪黑、艰苦工作，把几十年形成的占地两平方公里的渣山治理成具有良好的经济效益、社会效益和生态环境的新天地。1988年，联合国环保组织授予他环境保护“全球500佳”荣誉。他为中国工人阶级争了光，同时也为世界治理工业废渣提供了可资借鉴的宝贵经验。

经商

审时度势

敢为人先

立业天下

市场无界

电子商务

贸易流通

古今商道

诚信为本

心有客户

面有笑容

诚待顾客

温暖人心

举止礼貌

谈吐文明

柜有常客

生意兴隆

货真价实

量足秤准

以质论价

交易公平

顾客至上

信誉第一

诚实经营

取利思义

商品无语

商人有情

日过千客

皆如友朋

悉心服务

承诺千金

商业信誉

无形资本

老幼生熟

一样殷勤

盲聋病残

格外耐心

买多买少

一样热情

购货退货

同样主动

生意不成

情义为重

留下意见

带走真情

以质居优

以诚取信

市场宽展

客户归心

优胜劣汰

公平竞争

稳操胜券

搏击风云

商海潮涌

鱼龙混杂

警戒明察

防骗识假

小利莫贪

肥饵有诈

捷径莫求

言过有假

市场多变

商战无情

严守法度

处变不惊

权益受侵

投诉法庭

运用法律

秉持公正

经商理财

取之有径

义利兼顾

守法守信

饮水思源

心存感恩

热心公益

乐施善行

执法

执法人员

自当公廉

有法必依

执法必严

违法必究

惩治冥顽

护法神圣

乐于奉献

民颂“青天”

海瑞[①]包拯[②]

明镜高悬

铁面公心

不屈权贵

莫受人情

百姓赞誉

青史垂名

人民法官

司法为民

头顶国徽

心置天平

事实为据

法律准绳

审理准确

判决公正

依法办案

执法严明

有恶必惩

有冤必伸

贪赃枉法

舞弊徇情

人所不齿

法纪不容

律师受托

代人执言

伸张正义

护法尊严

物价工商

质检计量

保护民益

繁荣市场

税务财政

依法管征

开源节流

充沛国用

矿管土管

执法务严

既利开发

又保资源

权扰不移

利惑无动

法律面前

人人平等

①【海瑞】海瑞（1514—1587年），明朝官吏。广东琼山（今属海南）人。字汝贤，回族，曾任浙江淳安知县。任户部主事时，上疏谏诤世宗沉迷道教，不理朝政，被逮入狱。释后，升任应天巡抚，因疏浚吴淞江，推行一条鞭法，受到大官僚的攻讦，被革职。明万历十三年（1585年）再起，先后任南京吏部右侍郎和南京右都御史，他严惩贪污，平反冤狱，被百姓誉为“海青天”。

②【包拯】包拯（公元999—1062年）北宋庐州合肥（今安徽合肥）人。字希仁，仁宗天圣朝进士。在任开封府尹时，以廉洁著称。他执法严明，不畏权贵，被百姓称为“包青天”。

文体

文化艺术

竞相繁荣

百花齐放

百家争鸣[①]

“二为”方向[②]

文艺指针

奉献社会

服务人民

戏剧曲艺

电视电影

春风化雨

温润心灵

音乐舞蹈

书美[3]摄影

育人心智

陶冶人生

小说诗歌

剧本散文

启迪思想

铸造灵魂

深入生活

扎根人民

紧跟时代

不辱使命

学贯中西

博采古今

兼收并蓄

包容创新

传统经典

弘扬继承

发掘提高

推陈出新

古为今用

洋为中用

形式多样

乐见喜闻

学贵涵养

腹有才情

肩担道义

为民抒情

坚守良知

艺德为重

莫沾铜臭

向善存真

讴歌祖国

讴歌人民

为民抒写

先觉先行

尊师爱徒

同仁相亲

不拘门派

互学共荣

刻苦学艺

术有专攻

精排精演

艺憾人心

现实浪漫[4]

充沛激情

为民抒怀

力创精品

艺术精湛

思想精深

文质兼美

德艺双馨

体育健儿

英姿飒爽

刻苦训练

为国争光

驰骋亚运[5]

奥运[6]威扬

排球连冠

银球闪光

武术柔道

跳水花样

举重射击

体坛争强

比赛第二

友谊第一

全民运动

强身健体

“乒乓外交”[7]

领袖风范

中美邦交

举世盛赞

文获诺奖[8]

体逐赛场

一张一驰

民族辉煌

①【百花齐放 百家争鸣】即毛泽东提出的“百花齐放、百家争鸣”的方针。1956年4月28日，毛泽东在中共中央政治局扩大会议上说：“‘百花齐放、百家争鸣’，我看这应该成为我们的

方针。艺术问题上百花齐放，学术问题上百家争鸣。”从此，它成为促进我国艺术发展和科学进步、繁荣社会主义文化的一项基本方针。

②【“二为”方向】即文艺工作者遵循为人民服务、为社会主义服务的政治方向。

③【书美】指书法和美术。

④【现实浪漫】指现实主义和浪漫主义。

⑤【亚运】即亚洲运动会，简称亚运会，是亚洲地区举行的规模最大的综合性运动会，由亚洲奥林匹克理事会的成员国轮流主办。每四年举办一届，与奥林匹克运动会相间举行。

⑥【奥运】即奥林匹克运动会，简称“奥运会”，是国际奥林匹克委员会主办的世界规模最大的综合性运动会，每四年一届，分为夏季奥运会（奥运会）、冬季奥运会（冬奥会）。

⑦【乒乓外交】指 1971 年中国与美国两国乒乓球队互访的一系列事件。“乒乓外交”实际上推动了 20 世纪 70 年代中美两国的外交恢复，结束了中美两国 20 多年来人员交往隔绝的局面。

⑧【诺奖】指 2012 年莫言成为首位获得诺贝尔文学奖的中国作家。诺贝尔奖是以瑞典著名化学家、硝化甘油炸药发明人阿尔弗雷德·贝恩哈德·诺贝尔的部分遗产（3100 万瑞典克朗）作为基金创

立的。诺贝尔奖分设物理、化学、生理或医学、文学、和平五个奖项，以基金每年的利息或投资收益授予前一年世界上在这些领域对人类作出重大贡献的人，1901年首次颁发。

服务

服务行业

社会之窗

文明使者

唯德是彰

便民为民

宗旨不忘

注重信誉

用户至上

态度真诚

以德立行

勤学苦练

技艺精良

公众服务

门类庞杂

温暖百姓

情洒华夏

上海徐虎[1]

北京传祥[2]

辛苦自己

方便一方

汽车火车

轮船飞机

乘运旅客

安全第一

全程服务

解人所急

热心细微

尽如客意

北京素丽[3]

公交标兵

善待乘客

方便市民

食宿服务

热情大方

宾至如归

古道热肠

真诚主动

细致耐心

文明礼貌

周到热忱

保险金融

业务求精

严守信用

服务竭诚

邮政移动

电信服务

快捷便利

重洋无阻

①【徐虎】上海普陀区房管局的水电维修工。1975 年起，徐虎在平凡的水电维修岗位上一干就是 21 年。他用辛勤的劳动，为周围群众排忧解难，送去了方便，赢得了广大居民群众的高度赞扬。他以“辛苦我一个，方便千万家”的工作态度，21 年如一日地坚守在平凡的岗位上，不嫌脏、不怕累，多次被评为全国劳动模范。

②【传祥】即时传祥（1915—1975 年），生前是北京市崇文区清洁队工人，全国著名劳动模范，山东齐河人。14 岁逃荒到北京当了掏粪工人。1949 年北京解放后，他怀着为人民服务的思想，把掏粪当成一种光荣的劳动，勤勤恳恳、踏踏实实地工作，赢得了党和人民群众的尊敬和爱戴。“文革”期间，时传祥被林彪、江青反革命集团迫害致残，于 1975 年含冤去世，终年 60 岁。时传祥虽然是一位普普通通的掏粪工人，但他“宁肯一人脏，换来万家净”的精

神却非常值得人们学习。

③【素丽】即李素丽，北京市公交总公司 21 路公共汽车车队售票员。1981 年参加工作成为一名公共汽车售票员以来，15 年如一日，立足本职工作，干一行，爱一行，钻一行。把满腔热情、周到服务奉献给乘客，奉献给他人；把车厢当作传播精神文明的窗口；把三尺票台看成神圣岗位；全心全意为乘客服务，得到社会和乘客的广泛赞誉。

科研

学海无涯

苦作舟船

业精于勤

知出于践

人类文明

源远流长

知识宝库

储多积广

学问之道

继承为先

程行万里

书读万卷

人皆可师

求解问难

聆人教诲

永不知厌

道出于议

理明于辩

博采众长

悉知人见

追求真知

努力实践

发幽探微

不避艰险

王充《论衡》[1]

沈括《笔谈》[2]

不囿传统

为世所传

时珍《本草》[3]

披荆历险

坚持真理

千锤百炼

居里夫人[4]

爱因斯坦[5]

献身科学

举世同赞

学如登高

用志弥坚

锲而不舍

可攀顶点

抄袭造假

取巧用奸

欲速不达

为世耻言

博学笃志

不为浮名

切问近思

学贵专精

恩师庆来[6]

慧眼识骏

提携罗庚[7]

识才荐能

前贤后效

景润[8]之幸

人才接力

事业兴盛

不搞门阀

莫囿己见

密切合作

问鼎高尖

科学求真

治学究理

求知论道

知行合一

科研探索

高新当先

不屈不挠

克难攻坚

①【王充《论衡》】王充（公元27—约97年），字仲任，会稽上虞（今属浙江）人。东汉杰出的唯物主义思想家和无神论者。他一生写书四部，流传下来的只有《论衡》一书。《论衡》共30卷，85篇，20余万字，是一部具有唯物主义哲学思想的著作。他敢于向传统的观念提出挑战，并能以事实来证明自己的主张，他在《论衡》中的思想远远超过了所处的时代，至今仍有其生命力。

②【沈括《笔谈》】沈括（约1031—1095年），北宋最博学的科

学家，字存中，杭州钱塘（今浙江杭州）人。仁宗嘉佑末进士，神宗时参加王安石变法运动，官至翰林学士。晚年著《梦溪笔谈》一书，30卷。书中第一次明确提出了磁针偏角问题，指出："方家以磁磨针锋，则能指南，然常微偏东，不全南也。"这是世界上关于地磁偏角的最早记录，比欧洲哥伦布发现地磁偏角还要早400年。英国著名科学家李约瑟博士誉之为"中国科学史上的坐标"。

③【时珍《本草》】李时珍（1518—1593年）中国明代杰出的医药学家，字东璧，晚年自号濒湖山人，蕲州（今湖北蕲春县）人。继父祖业，行医采药，治病救人。他集几十年经验，参考800余种文献书籍，61岁时编成《本草纲目》巨著52卷，全书共190万字，分16部分，62类。共收药物1892种，附方11096则，插图1160幅。西方称这部书为"东方医学巨典"，达尔文称之为"中国古代百科全书"。李时珍受到世界科学界的尊敬，被列入世界科学伟人之行列。

④【居里夫人】即玛丽·居里（1867—1934年），法国著名科学家、物理学家、化学家，两次荣获诺贝尔奖，生于波兰。她与丈夫皮埃尔·居里在事业上比翼双飞，先后发现了两种天然放射性元素。为了表达对祖国波兰的怀念之情，她把其中一种定名为"钋"（波的谐音）。为把这一科学成果献给全人类，她决定不申请专利，以

便更快地使用于医学领域。她的科学探索精神和思想品德受到全人类的敬仰。

⑤【爱因斯坦】即阿尔伯特·爱因斯坦（1879—1955年），20世纪最伟大的物理学家，诺贝尔奖获得者。他1879年出生于德国一个犹太人家庭，1896年进入苏黎世联邦理工学院，1900年毕业，1933年因受纳粹政权迫害，迁居美国。基于对自然规律长期而深刻的考虑，爱因斯坦认为旧的时空观念存在着严重的缺陷，于1905年发表了狭义相对论，后又推广为广义相对论。他的这一理论揭示了时间空间的辩证关系，加深了人们对物质和运动的认识，无论在科学上还是在哲学上，都具划时代的重要意义。1999年12月26日，爱因斯坦被美国《时代周刊》评选为“世纪伟人”。

⑥【庆来】即熊庆来（1893—1969年），著名数学家，解放前曾任东南大学和清华大学数学系主任及云南大学校长，解放后任中国科学院数学研究所研究员。熊庆来发现了华罗庚，在他的着力培养下，华罗庚刻苦钻研，为中国科学界乃至世界科学界作出了杰出贡献。

⑦【罗庚】即华罗庚（1910—1985年），著名数学家，江苏金坛人。1930年去清华大学当助理，两年后升任讲师。1936年去英国剑桥大学作访问学者，1938年回国。主要著作有《堆垒素数论》、

《数学引论》、《典型群》等。华罗庚发现了陈景润，并像当年熊庆来赏识培养他一样对待陈景润。

⑧【景润】即陈景润（1933—1996年），著名数学家，福建福州人，中国科学院数学研究所研究员。在华罗庚的帮助和培养下，经过艰苦的研究和探索后，陈景润摘取了世界瞩目的数学明珠——在哥德巴赫猜想问题上获得了突破性的成果，并由此被公认为国际级的数学奇才。

新闻

广播电视

报刊舆论

网络传媒

弘扬正能

坚定理想

献身新闻

忠于事业

宣传人民

新闻报道

导向引领

甘为喉舌[①]

凝聚民心

深入一线

走进基层

正确舆论

关注民生

新闻舆论

讴歌光明

忠于事实

反映民声

新闻贵新

报道务真

失新无闻

失真无信

坚持操守

不惧压力

揭露邪恶

主张正义

新闻批评

激浊扬清

舆论监督

主流为重

永不剽窃

莫报假闻

新闻纪律

严守谨行

广告新闻

求实必真

不为利纵

莫负良心

品位要高

行为须正

品高人尊

行端人敬

同行同仁

相互尊重

团结协作

相辅相承

①【喉舌】指我们国家的报纸、广播、电视等是党委、政府和人民的喉舌。

职业道德

兴业之本

无德不立

有德方兴

爱岗敬业

诚实守信

奉献社会

服务群众

后 记

如序所言，着手对《家政四字歌》、《道德四字歌》修订再版之初，底气不足。当初的编创成员已退休、离岗十余年或近二十年，常言说得好，众人拾柴火焰高，虽说我是主编，可仅凭一已之力行不行，自已也说不准。历时四个月修订完毕、付梓出版，甚是欣慰。

首先，得益于当年编创组同仁的共同努力。张德文同志参与了《家政四字歌》的编写，马来保老师参与了《道德四字歌》的编写。阴乃二、李密林两位同志（其实堪称老师）全程参与了两书的编写，前者的文笔、后者的立意为作品增色不少。

其次，得益于时事出版社领导和编辑人员的大力支持与辛勤工作。时过近二十年，王基建社长依然热情不减、友情不减，一如当年任副社长之时支持《家政四字歌》出版一样，支持《立德格言》的出版。各位编辑同志一如编辑拙作《言志在悦》一样，为《立德格言》的出版付出了辛勤劳动和汗水。值此，对上述同志以及凡为出版编创作出努力而未一一提及的同志表示真挚的谢意。

古人把立德、立功、立言作为人生“三不朽”。“三立”中，立德体现品质，怎样做人，要有胸怀和境界；立功体现价值，怎么做事，要有抱负和追求；立言体现素质，如何作文，要有韵味和情趣。《立德格言》的初衷，就是想抛家庭美德、社会公德、职业道德格言之砖，引怎样做人做事之玉，引怎么修身齐家之玉。

古人讲修身齐家治国平天下，这是圣人的境界。治国平天下不是一般人所为，一般人能乐业立世就知足了；而修身齐家是伟人和凡人做人的共同必修功课。坚持普遍性与特殊性相统一，这次修订编著的宗旨就是修齐敬行，即修身齐家敬业行天下。

我深知，一本书的作用是微乎其微的，然而滴水成溪，溪水成河，河水汇海。惟愿《立德格言》融入中华文化之海。因为东西方文化的差异就在于，西方人依靠宗教获取心灵安慰，中国人依靠文化获取思想认识和精神境界的升华。

冬至已至，元旦将临。正是：白雪皑皑腊梅红，岁月不觉一元新。天地风霜时渐近，乾坤气象又临春。《立德格言》就要面世了，祝福《立德格言》借新年新力，在社会主义道德建设的征程中越走越远，越走越好。

国子

2014年12月22日